AF586248

LE RÉGIME COLONIAL ET

EXAMEN des Considérations *de M.* DE SAINT-CHÉRON, *sur les Gouvernemens.*

PAR M. DELAFOND, Procureur du Roi au Petit-Goave.

AU PORT-AU-PRINCE,
DE L'IMPRIMERIE DE MOZARD.

1791.

LE RÉGIME COLONIAL

ET

EXAMEN des Considérations *de M.* DE SAINT-CHÉRON, *sur les Gouvernemens.*

MONSIEUR,

JE vous peindrois difficilement le plaisir que m'a procuré la lecture de vos *considérations*, elle m'a confirmé de plus en plus dans l'opinion, qu'il faut se garder de juger un ouvrage, comme il n'arrive que trop souvent, sur le titre & sur le nom de l'auteur ; je vous avouerai même avec franchise, que je n'ai pas été à l'abri de cette prévention. A la vue des *considérations sur les Gouvernemens*, & sur celui qui *convient à la Colonie, par M. DE SAINT-CHÉRON*, que je savois encore mineur, dont je lus l'année dernière un discours écrit avec une chaleur un peu trop exaltée, connoiſſant ſur-tout vos relations avec les orateurs de Saint-Marc; je ne vous cacherai point que j'ai craint de n'y trouver que leurs principes, qui ne ſont pas tout à fait les miens, ou des idées incohérentes & ſuperficielles ſur une matiere qui exige le jugement le plus mûr & le plus exquis.

Vous connoiſſez, Monſieur, le déluge d'écrits politiques, polémiques & *fanatiques*, qui nous inondent depuis deux ans, & qui ſe précipitent à grands flots dans dans le fleuve d'oubli. Je tremblai que votre ouvrage ne fût pas capable de ſurnager; je craignis qu'il ne vous fût guères poſſible de nous offrir *des idées nouvelles* ſur un ſujet, qui, comme vous l'avouez vous-même, ſemble avoir été épuiſé par ces *génies* immortels, qui ſiégent inviſiblement au milieu de l'Aſſemblée nationale. A la lecture des premières pages, l'humeur me ſaiſit, même au point que je pris un crayon pour noter quelques endroits, où j'étois révolté de voir un jeune homme aſpirer à la prétention de dicter comme eux des lois, & de *régler les deſtinées des nations*.

Mais à meſure que je vous ai lu, mon humeur s'eſt diſſipée: ſi j'ai continué de crayonner, ça moins été dans l'intention de vous critiquer, que de remarquer les réflexions judicieuſes, & les vues profondes que vous développez avec une ſagacité peu commune. Je n'ai pu réſiſter au deſir de vous en témoigner ma ſatisfaction, & de vous faire part en même temps de quelques obſervations que m'ont fait naître vos apperçus ſur le régime que vous croyez convenable à la Colonie. Si nous différons d'opinions ſur quelques points, ſi je vous exprime même quelquefois ma façon de penſer avec une amertume, dont je ne ſuis pas toujours le maître, quand je réfléchis à toutes les folies de nos jours; je me flatte que vous m'excuſerez en faveur du motif qui m'anime comme vous, celui d'être utile à mes concitoyens.

Mon âge, qui malheureuſement double le vôtre, mon expérience, un ſéjour de 14 ans dans la Colonie, m'ont mis a même de la connoître, & de juger à peu près le régime qui lui convient. J'ai donc acquis le droit de m'expliquer franchement ſur un objet auſſi eſſentiel. Mon indifférence notoire pour les faveurs de la fortune & les moyens d'y parvenir, mon éloignement du Gouvernement, avec lequel je n'ai aucune relation & dont je n'attends rien, m'épargneront peut-être le ſoupçon de partialité dans l'eſprit des gens ſenſés, & qui me connoiſſent particulièrement. Si j'ai combattu les principes des démagogues & des partiſans d'une liberté, que juſqu'ici nous avons tant de raiſons de qualifier de *licence*, c'eſt parceque de bonne foi j'ai cru ces principes abſolument contraires au bonheur d'une Colonie que j'ai vue ſi floriſſante, & que je vois ſur le penchant de ſa ruine.

Au ſurplus, Monſieur, les rares talens que vous tenez de la nature & de l'éducation, feroient obſcurcis, ſi votre modeſte *avertiſſement* n'étoit que le maſque de la prétention, ſi vous ſupportiez impatiemment la critique, ſi une préſomption qui perdra, je le crains bien, un de vos jeunes amis, qui jadis m'avoit choiſi pour ſon mentor, & qui a peut-être inconſidérément pris le vol d'Icare; ſi cette préſomption, dis-je, vous perſuadoit que vous avez atteint le but que vous vous propoſiez, que le régime adminiſtratif & légiſlatif que vous indiquez, n'entraîne aucuns inconvéniens, & que votre ouvrage doit ſervir de baſe unique à la nouvelle conſtitution de Saint-Domingue. Le Gouvernement d'un grand peuple n'eſt pas auſſi facile à établir que celui d'une famille ou d'une habitation. Les principes peuvent être les mêmes, mais les caractères ſont ſi variés, les intérêts ſi compliqués; le choc des paſſions eſt ſi fréquent & quelquefois ſi violent, qu'il faut une main bien habile & bien expérimentée pour diſpoſer les reſſorts de cette machine immenſe.

Il m'eſt revenu, Monſieur, qu'avant de faire imprimer vos *conſidérations*, vous aviez été les lire à quelques-uns des légiſlateurs de Saint-Marc, & qu'ils vous avoient conſeillé bénignement de les remettre dans votre porte-feuille. Vraiment je n'ai pas de peine à le croire : vous leur prêchiez une doctrine abſolument contraire à la leur. Vous donnez la préférence au Gouvernement monarchique, & ils ne voudroient plus reconnoître que le Gouvernement républicain ou anarchique. Vous démontrez la néceſſité d'un *veto*, d'une ſanction du Repréſentant du Monarque, & ils veulent tout au plus lui permetttre des *obſervations*. Vous laiſſez entrevoir la difficulté d'organiſer dans la Colonie des Aſſemblées adminiſtratives & des municipalités, & ils les croyent ſeules capables de ſauver la Colonie. Enfin vous avez la bonhomie de croire que la reconnoiſſance & ſurtout notre intérêt, nous font une loi impérieuſe de ſuivre celles de la Mère-Patrie, & ils ſoutiennent qu'elle ſera trop heureuſe que nous veuillions bien être ſes *alliés* & avoir auprès d'elle des *chargés d'affaires*.

Vous sentez qu'il étoit difficile que vous fussiez d'accord sur les points capitaux; & d'ailleurs vous vouliez que 212 personnages, qui, du moment qu'ils ont été constitués, se sont regardés comme inamovibles, comme suprêmes législateurs de la Colonie, écoutassent les humbles avis d'un jeune & modeste Colon, que leur amour-propre ne fût pas indigné de vous voir porter le flambeau de la critique & de la raison, sur quelques-uns de leurs principes erronés & sur leurs prétentations indiscrètes! N'ai-je pas moi-même essuyé leurs orgueilleux dédains & essayé de leur dessiller les yeux? Combien de fois ne leur ai-je pas écrit & crié qu'ils s'égaroient, qu'ils s'écartoient du chemin que leur traçoient leur devoir & nos vrais intérêts, qu'ils finiroient par allumer l'incendie qui a été sur le point de tout embraser?

Ma voix a été *vox clamantis in deserto*; mes efforts ont été vains comme ceux de ce magistrat, aussi intègre qu'éclairé, qui a démontré d'une manière si lumineuse l'illusion de leur fameux décret du 28 Mai, (1) comme ceux de ce jurisconsulte, qui le premier a eu le courage (2) de sonder la profondeur de l'abyme dans lequel ces comités ambitieux, ces Assemblées orageuses ont manqué de précipiter le malheureux vaisseau de la Patrie; comme ceux enfin de cette Assemblée de Citoyens généreux, qui, dans le nord de la Colonie, se sont exposés avec une noble intrépidité aux fureurs du fanatisme ou de l'ambition, pour ramener leurs Concitoyens égarés aux

---

(1) Vid. Lettre d'un Citoyen de la partie du sud, signée D. R

(2) Vues politiques sur Saint-Domingue, par M. Chachereau

vrais principes de la raiſon, de la juſtice & de la modération.

Malgré tous ces dégoûts, ne perdons pas courage, Monſieur, continuons de payer notre dette à la Patrie; peut-être que de tous ces rayons il ſe formera une maſſe de lumières, capables de diſſiper les nuages, ſous leſquels on s'eſt efforcé d'obſcurcir la vérité. Je ſuis vraiment fâché que vous ayez cédé aux conſeils de ces prétendus amis, qui ont craint que la publication de votre ouvrage, ne fût la cenſure de leurs principes & de leurs procédés, ou qui ont voulu profiter de vos idées, ſans avoir à rougir d'avouer qu'ils vous en étoient redevables. Peut-être que redoutant l'impreſſion qu'elles auroient pu faire ſur les eſprits, ils ne ſe ſeroient pas permis tant d'actes d'indépendance & de ſouveraineté, fort éloignés de leurs principes, je veux bien le croire, mais évidemment manifeſtés dans tous leurs décrets & dans toutes leurs opérations. Peut-être n'euſſent-ils pas rompu avec tant d'éclat les liens qui devoient les unir à un chef, digne Repréſentant du meilleur des Rois, à un chef qui, quoiqu'on en diſe, s'eſt conduit avec une ſageſſe & une circonſpection, dont ils ont abuſé pour l'humilier & établir leur autorité ſur les ruines de la ſienne. Peut-être enfin, n'euſſent-ils pas rendu ces décrets, qui ont été ſur le point de nous plonger dans les horreurs de l'anarchie, & que la Mère-Patrie regardera comme les préludes de la révolte la plus caractériſée.

Mais heureuſement l'excès de leur aveuglement les a entraînés dans une démarche qui nous garantira des déſaſtres dont nous étions menacés. Les Repréſentans de la Nation, auxquels ils ont été ſoumettre leurs prétentions & leurs griefs contre le chef du pouvoir exécutif, vont leur ouvrir les yeux, ou prendre les meſures convenables pour empêcher que la Colonie ne ſoit victime de leur imprudence, ou des vues ſecrètes de quelques-uns d'entre eux; car ne croyez pas, Monſieur, que j'attribue à toute l'Aſſemblée ces arrêtés violens, ces proclamations indécentes, ces proſcriptions ſanguinaires, qui ont appelé les Colons aux armes & au carnage. Tous ces excès ont été l'ouvrage d'une vingtaine au plus d'individus, qui exerçant ſur leurs collégues l'empire ſi puiſant & ſi dangereux du don de la parole & de l'éloquence, abuſant de leur foibleſſe, de leurs dégoûts, ſouvent de leur crédulité, leur faiſoient adopter des réſolutions, dont chacun d'eux rougiſſoit ou gémiſſoit en particulier ou dans le calme de la réflexion.

Cela eſt ſi vrai que tous les perſonnages connus par leur prudence & leur modération, ont prétexté des maladies ou des affaires preſſantes pour s'en retirer peu à peu; quelques-uns même avec éclat & ſans déguiſer leurs motifs, tels que les . . . . . mais je m'arrête, dans la crainte de les compromettre. De tous ceux qui ſe ſont embarqués, peut-être ſi légèrement, ſur *le Léopard*, les uns ont été retenus par une fauſſe honte, ou par la crainte de déplaire à leurs conſtituans; les autres ont été entraînés par les ſuggeſtions de l'amour-propre & par le deſir de développer leurs talens oratoires dans la plus auguſte Aſſemblée de l'univers. Mais enfin, puiſqu'ils y ſont devant cette Aſſemblée, notre vraie & ſeule ſouveraine; puiſqu'on penſe que nous avons abſolument beſoin d'une conſtitution nouvelle, faiſons des vœux pour qu'on veuille bien ne pas les regarder comme des fugitifs, partis ſans l'agrément & le vœu de leurs conſtituans, comme ne repréſentant pas la majorité des Colons, pour qu'on veuille bien fermer les yeux ſur l'irrégularité de leurs demarches, & travailler avec eux à cette conſtitution ſur les cahiers des paroiſſes, qu'ils auront ſans doute la bonne foi de préſenter plutôt que leurs idées particulières.

Faiſons ſur-tout des vœux pour qu'on n'adapte pas légèrement à la Colonie, l'organiſation donnée en France aux trois principales baſes de la conſtitution, aux pouvoirs légiſlatif, exécutif & judiciaire. Car, ſans examiner ſi la conſtitution décrétée par l'Aſſemblée nationale, produira à la troiſième ou quatrième génération des effets auſſi ſalutaires qu'on oſe s'en flatter, je maintiens, & combien de gens ſenſés ſont de mon avis! Que nos habitudes particulières, nos convenances locales & la nature de nos propriétés ne nous permettront jamais d'organiſer les trois pouvoirs ſur le même mode que la Métropole a cru devoir adopter. C'eſt cette perſuaſion intime & que l'expérience juſtifiera peut-être trop tard, qui me déterminent enfin à vous préſenter, Monſieur, les obſervations que je vous ai annoncées ſur quelques-uns de vos principes & de vos apperçus.

Je laiſſe à l'auteur de la théorie des lois & des annales politiques, le ſoin de diſcuter le mérite de vos définitions des trois Gouvernemens, de vous prouver, ſi bon lui ſemble, que les ſombres rigueurs du deſpotiſme ſont peut-être plus propres à aſſurer le bonheur & la tranquillité des peuples, que les convulſions républicaines, ou le régime ſouvent trop tempéré, ſouvent trop ſévère du Gouvernement monarchique. Je veux croire avec vous que ce dernier mérite la préférence ſur les deux autres, que la conſtitution de la France *n'étoit réellement plus que deſpotique*; que les trois corps intermédiaires qu'elle portoit dans ſon ſein, loin de la protéger contre les entrepriſes de ſes maîtres, *ne ſervoient plus qu'à l'opprimer de concert avec eux* : Je veux croire que les abus qui s'étoient introduits dans toutes les parties de l'adminiſtration, néceſſitoient *une refonte générale*; quoique j'eſtime que cette refonte auroit dû être moins précipitée, & que les abus n'étoient pas auſſi *monſtrueux* que vous les dites, quoique je trouve vos tableaux trop chargés, & ſur-tout votre peinture des mœurs publiques, *tombées*, ſuivant vous, *dans la plus affreuſe corruption*; lorſqu'il me ſemble au contraire, que la révolution & l'Aſſemblée nationale, nous prouvent, d'une manière bien conſolante, que l'égoïſme n'avoit pas *tari la ſource de toutes les vertus & deſſéché tous les cœurs*, *que l'amour de l'argent* n'étoit pas devenu *l'ame de toutes les penſées*, l'avarice & la vanité *les mobiles de toutes les actions.*

Permettez-moi, Monſieur, de vous obſerver qu'à votre âge, il faut être bien en garde contre les illuſions de cet égoïſme, que vous frondez ſi hautement; de cette vertu rigide & novice, qui nous perſuade que la ſociété eſt perdue, ſi toutes nos actions ne ſont pas réglées ſur la morale auſtère des Zénons & des Epictètes. Combien n'ai-je pas vu de jeunes adeptes, imbus des maximes de Seneque & du traité *de Officiis*, finir par reconnoître la vérité de cette réflexion ſi humaine, *homo ſum & humani nil a me alienum puto !*

Au ſurplus, ſi je vous accorde que la révolution

Françoiſe étoit *inévitable*, que l'ancien Gouvernement a *cédé enfin au temps & à la corruption des mœurs, qui altèrent & détruiſent tout*, que le luxe fut l'auteur, non pas de *tous les maux*, mais d'une partie des maux de la France; je ne vous accorde pas également que nous devions *partager les maux cruels qui déchirent ſon ſein*, dans l'eſpoir de partager un jour le calme qui *doit ſuccéder à tant d'orages*. Une fille *tendre & dévouée* doit plaindre les ſouffrances de ſa mère; mais la piété filiale ne l'oblige point à prendre comme elle une ſuperpurgation, lorſqu'elle eſt ſaine & vigoureuſe.

Que devoit faire la Colonie lorſqu'elle a appris les maux cruels qui déchiroient le ſein de la Mère-Patrie? Gémir ſur ſa poſition & chercher à la ſoulager s'il eût été poſſible; mais attendre paiſiblement quel ſeroit le réſultat de cette criſe violente, en profiter, s'il étoit ſalutaire, pour rectifier les abus & les griefs dont elle avoit elle-même à ſe plaindre, & en attendant, continuer ſes cultures & ſes ſpéculations, continuer de vivre heureuſe & tranquille ſous ce régime qu'on a tant calomnié, qu'on a trouvé ſi deſpotique & ſi arbitraire, lorſque, ſi nous voulons être de bonne foi, jamais la Colonie n'a été ſi brillante, jamais ſes manufactures n'ont été ſi floriſſantes, ſes denrées à un ſi haut prix, qu'en 1785, 86 & 87, ſous les la L.... & les M.....

J'entends déjà certains enthouſiaſtes crier à l'anathème, pour oſer rappeler des noms voués par eux ſeuls, à l'exécration publique. Mais impartial & véridique ſur ces Adminiſtrateurs, parceque je n'en reçus aucun bienfait; j'oſerai demander à ces enthouſiaſtes eux-mêmes, quel eſt le pays dans l'univers entier, où l'habitant laborieux, où le commerçant vertueux & paisible eut le plus de jouissances, fut d'avantage à l'abri de ces vexations tyranniques, de ces inquisitions révoltantes, de ces impôts écrasans, qui jusqu'à ce jour n'ont cessé de désoler les villes & les campagnes Européennes? Je leur demanderai sous quels Administrateurs les propriétés ont été plus respectées, le commerce, les lois & la justice plus en activité? Sous quel régime enfin on a vu s'élever plus d'établissemens publics & utiles? (1)

Au lieu de jouir de ce calme fortuné, pendant que la Mère-Patrie étoit livrée aux convulsions de la liberté, aux prises avec le despotisme, qu'a fait la Colonie, que s'agiter en tous sens pour troubler cette précieuse tranquillité qui sembloit la fatiguer? Ne l'a-t-on pas vue d'abord se créer ces comités clandestins, dans le sein desquels fomentoient les germes de ces désordres, dont l'explosion l'a mise à deux doigts de sa ruine? Ne l'a-t-on pas vue nommer en secret des

---

(1) Ces Administrateurs ont forcé les comptables infidelles ou de mauvaise volonté, à se désaisir des fonds publics qu'ils regardoient presque comme un patrimoine; mais où est l'injustice? Ne valoit-il pas mieux les employer à des établissemens avantageux à la Colonie, que de les laisser dissiper par ces coupables dépositaires?

Sous leur administration, s'est opérée la réunion désastreuse des deux conseils supérieurs, qui a si justement excité les réclamations de la partie du nord: mais est-elle de leur fait? N'avoit-elle pas été ordonnée par un Monarque *alors* absolu, par un Ministre despote & séduit par des ames cupides & ambitieuses? Qu'on s'épargneroit d'injustices, si l'on se donnoit la peine d'approfondir la réalité des préventions & des imputattions les plus graves, & trop souvent les plus mal fondées!

deputés à l'Aſſemblée nationale, avant d'examiner s'il lui convenoit d'y en avoir; s'ils ne ſe trouveroient point dans la néceſſité d'adhérer à des décrets dont les influences lui ſeroient fatales, ſi on ne lui oppoſeroit pas un jour leur aſſentiment à ces décrets, pour attaquer ſes propriétés ou la ſoumettre à des charges auxquels ſa poſition devoit la ſouſtraire à jamais?

Ne l'a-t-on pas vue enſuite demander à grand cris une Aſſemblée générale, pour rédiger les plans de ſa conſtitution? Ne l'a-t-on pas vue en proie aux brigues & aux factions, qui ont ſi ſouvent égaré ſon choix, jeter les yeux ſur des gens obérés de dettes, ou incapables, ou ſans conſidération, ou notoirement livrés à l'ambition la plus effrénée? Ils étoient en petit nombre ſans doute; ils comptoient parmi eux les perſonnages les plus diſtingués par leur mérite & leur patriotiſme; mais quels efforts ont fait ces derniers, pour s'oppoſer aux motions incendiaires, aux réſolutions violentes, que chaque jour voyoit éclore? Où s'ils ont fait des efforts, quel en a été le fruit & le réſultat? Enfin ne l'a-t-on pas vue obſtinée à continuer ſa confiance à ces mêmes Repréſentans, lorſque leur premier pas avoit été de ſe ſouſtraire à ſon autorité, lorſqu'elle ne pouvoit plus ſe diſſimuler qu'ils avoient fait le plus étrange abus des pouvoirs illimités qu'elle leur avoit donnés trop légèrement, lorſqu'elle les a vus ſur le point de la compromettre de la manière la plus funeſte, avec la Mère-Patrie, dont ils ont dédaigné la protection, méconnu ou éludé les décrets bienfaiſans?

Et cependant, Monſieur, c'eſt d'après toutes ces erreurs politiques & trop manifeſtées, qu'en jetant les yeux ſur la ſociété, vous êtes étonné d'y voir *une foule d'hommes mécontens du nouvel ordre de choses !* Vous croyez que les uns regrettent la perte de leur fortune, d'autres, celles de leur état & de leur crédit : ces pertes me paroissent assez majeures pour justifier leur sensibilité ; quelque stoïcien que vous soyez, vous ne les suporteriez peut-être pas plus patiemment, & lorsqu'on travaille à la régénération publique, il faut autant qu'il est possible, que ce ne soit pas au détriment des particuliers, sur-tout lorsqu'on n'a rien à leur reprocher. Ceux-là, suivant vous, prétendent que *tout rentre dans l'ancien ordre*, parceque *l'idée seule d'égalité est un joug insupportable pour leur orgueil irrité.* J'ai une trop haute idée du disciple zélé des Rousseau, des Raynal & des Montesquieu, pour croire qu'il ne regarde pas comme une chimère cette *idée d'égalité*, devenue le cri de guerre des aveugles partisans de la liberté ; vous savez surement aussi bien moi, que cette *égalité*, telle qu'ils l'entendent, deviendroit pour la société un monstre capable de l'étouffer ou de la dévorer, & qu'elle doit se borner à rendre tous les individus de cette même société égaux aux yeux de la loi. Or, je ne crois point qu'aucun être juste & sensé puisse s'indigner que la loi accorde à son semblable, les secours & la protection qu'il est en droit d'en obtenir lui-même.

Ceux-ci enfin, *épouvantés*, dites vous, *par le trouble, dégoûtés de la liberté par les excès de la licence, croyent qu'il n'est plus de salut que dans les bras du pouvoir arbitraire.* Non, Monsieur, je pense qu'il faut chercher un autre motif au *mécontentement* des honnêtes gens, de ceux qu'on appèle si ridiculement & si improprement *aristocrates* ; ils peuvent être *épou-*

vantés (1) des excès auxquels la licence s'est livrée sous les étendards de la liberté ; mais aucun d'eux n'est assez dépourvu de sens, assez ennemi de soi-même, pour desirer de remettre sa personne & ses propriétés sous le joug ministériel. Tous connoissent les charmes & le prix de la liberté, mais ils ne voudroient pas que cette liberté eût signalé son aurore

---

(1) Et leur frayeur est bien pardonnable : car qui ne seroit épouvanté de voir des militaires distingués, des magistrats intègres, arrachès de leur asile, traînés sur une place publique, & massacrés sans aucune forme judiciaire, & sur de simples soupçons ? Qui ne seroit effrayé de voir des citoyens recommandables par leur âge ou par leur état, livrés aux outrages d'une populace effrénée, à des avanies humiliantes, & qui impriment le sceau de l'opprohre & de l'ignominie sur les restes de leur vie infortunée ? Qui ne seroit indigné de voir des magistrats respectables, devenus les objets de la risée publique, forcés de monter des gardes & des patrouilles à la porte d'un comité séditieux, sur-tout en pleine paix & lorsque la Patrie n'a d'autres ennemis que ceux du bien public ? Qui ne seroit indigné d'en voir d'autres obligés d'abandonner leurs foyers, de chercher leur salut dans les antres les plus obscurs, lorsqu'on ne peut leur reprocher qu'une inviolable fidélité à la Nation & à ses décrets; d'autres traduits en spectacle devant leurs justiciables, baffoués, insultés aux yeux d'une municipalité par un audacieux, obligés, avec un appareil ridicule, à prêter un serment déjà prêté cinq fois ; forcés enfin, malgré leur âge & leurs infirmités, à escorter cette même municipalité, le mousquet sur l'épaule, sous les ordres d'un de leurs huissiers, qu'un caprice populaire avoit créé chef de district ?

Tous ces excès se sont passés sous nos yeux, & peuvent se renouveller tous les jours, & vous êtes étonné qu'il se trouve des *mécontens du nouvel ordre de choses !* De quelque philosophie qu'on soit armé, il est difficile de dévorer patiemment des outrages aussi sanglans, aussi peu mérités, & de ne pas desirer un *ordre de choses* moins orageux.

que par des aſſaſſinats, & qu'elle ſe fût baignée dans le ſang le plus reſpectable & ſouvent le plus innocent; ils voudroient que ſes zélés partiſans ſentiſſent que la licence & l'anarchie ſont *ſes plus cruelles ennemies*, pour me ſervir de vos expreſſions, qu'il n'eſt de liberté *que ſous le joug commun de la loi*, que la loi eſt le *garant ſacré du bonheur & de la liberté de l'homme en ſociété*, que ſans elle, la terre n'offre plus de toutes parts *que le ſpectacle déſolant de la juſtice & de la foibleſſe, ſuccombant ſous la force & la ruſe.*

Voilà, Monſieur, votre doctrine & celle de tous les gens ſenſés, de tous les vrais patriotes, & vous ſavez ſi juſqu'ici les ambitieux qui dirigent les mouvemens du peuple, lui ont inculpé ces maximes ſaines & ſalutaires, s'ils ne l'ont pas au contraire ſtimulé, à envahir ou à méconnoître tous les genres de pouvoirs, qui ont été cependant juſqu'à ce jour ſa ſeule ſauvegarde & celle de ſes propriétés, s'ils n'ont pas eſſayé de lui perſuader qu'il ne pouvoit être vraiment libre, qu'en ſe livrant aux plus coupables excès; enfin s'ils n'ont pas voulu juſtifier la prédiction de l'enthouſiaſte hiſtorien des établiſſemens dans les deux Indes, *que la France ne ſe régénéreroit jamais que dans un bain de ſang.*

Je ſens qu'il étoit difficile d'anéantir en France ce pouvoir ſi deſpotique, ces priviléges regardés comme ſacrés & héréditaires, ces antiques préjugés ſi chers à l'amour-propre, ſans occaſioner des ſecouſſes violentes & des déchiremens douloureux. Mais avions-nous ici les mêmes priviléges, les mêmes préjugés à détruire? Preſque tous égaux par la nature de nos propriétés & de nos états, connoiſſant peu les diſtinctions auxquelles l'orgueil attache ailleurs tant de prix, ces diſtinctions tirées de la naiſſance, ou des emplois civils ou de la fortune, qu'avions-nous beſoin de *paſſer à travers de la liberté*, comme l'a dit ce judicieux Anglois; ſur-tout lorſque la reſponſabilité des miniſtres & la chûte du deſpotiſme, ne nous en laiſſoient plus redouter les atteintes, ni l'arbitraire du Gouvernement? N'étoit-il pas plus ſage d'attendre dans une heureuſe paix que la conſtitution de la Mère-Patrie nous fût parvenue, & d'y prendre avec circonſpection tout ce qui pourroit s'adapter à nos convenances?

Au ſurplus, Monſieur, perſuadé que notre ancien régime étoit infecté de vices auſſi monſtrueux que celui de la Métropole pouvoit l'être, & qu'abſolument il nous en faut un nouveau, vous vous livrez à la recherche, non de la meilleure forme de Gouvernement en elle-même, mais *de la meilleure que nous puiſſions comporter & qui convienne le mieux*. ſoit à notre caractère & à nos mœurs, ſoit à l'eſpèce particulière de nos relations, ou au genre de nos occupations; ſoit enfin, à la nature des productions de notre ſol. (1)

---

(1) Je vous exhorte beaucoup, Monſieur, à mettre au jour le *morceau aſſez étendu* où vous annoncez avoir parcouru & analyſé tout ce qui a rapport à notre caractère, à nos mœurs, à la nature de nos occupations, où vous faites *toucher au doigt* le vrai degré de liberté politique, dont la Colonie eſt ſuſceptible. Vos *conſidérations* me font préſumer que ce morceau ne les déparera point; je penſe même que, ſi vous l'euſſiez publié le premier, vos recherches en auroient été moins pénibles, car ſi vous faites *toucher* ſi ſenſiblement *ce vrai degré de liberté politique*, le régime qui nous convient me paroît alors bien facile à organiſer.

Je ne ſais ſi vous avez médité long-temps ſur ces objets, mais les réflexions, qu'ils m'ont fait naître depuis 14 ans, m'ont perſuadé que le régime d'une Colonie telle que la nôtre doit être extrêmement ſimplifié, & que les différens rouages ſur leſquels on ſe diſpoſe à monter celui de la Métropole, ne feroient ici que s'embarraſſer, produiroient une confuſion inextricable, & bientôt la plus funeſte anarchie. Car enfin, que ſommes-nous? C'eſt vous-même, Monſieur, qui nous l'apprenez & qui l'avez répété vingt fois, *un peuple de cultivateurs*, un peuple abſolument *agricole*; puiſque le commerce & les états qui tiennent au pouvoir exécutif & au pouvoir judiciaire, ne ſont qu'acceſſoires à nos cultures, & aux divers intérêts qu'elles produiſent entre les cultivateurs & les acheteurs de leurs denrées.

Or, vous convenez vous-même, & vous prouvez avec autant de force que de vérité, qu'un peuple agricole ne peut être diſtrait de ſes cultures ſans que ſes intérêts en ſouffrent ſenſiblement, que ſa préſence eſt indiſpenſable ſur ſes propriétés, auxquelles *l'œil du maître* donne une vigueur inappréciable, que ſes ateliers compoſés d'êtres brutes ou indiſciplinés, ont beſoin d'être inſpectés, contenus & dirigés par lui-même. Vous ſavez que s'il les perd de vue, s'il s'en rapporte à des mercenaires, il ne tarde pas à ſe voir victime de leur incurie, de leur négligence ou de leur inconduite. Il faut donc que celui qu'il a choiſi pour chef, ou ceux qui repréſentent ce chef ſe chargent pour lui de l'adminiſtration de la choſe publique, de veiller à la ſureté particulière de ſon individu & de ſes propriétés.

L'adminiſtration publique d'une Colonie ſe diviſe

néceſſairement en deux branches très-diſtinctes, quoiqu'eſſentiellement liées l'une à l'autre, *ſes rapports commerciaux* avec la Métropole & avec les peuples qui, à ſon défaut, peuvent lui fournir ſes beſoins & ſon *régime intérieur.* Vous poſez très-diſertement, Monſieur, les rapports politiques & les conventions tacites, mais ſacrées, qui du moment où chaque Colonie a pris naiſſance, ſe ſont établies entre les peuples fondés & leurs fondateurs. Il ſeroit ſuperflu d'examiner la juſteſſe des principes ſur leſquels vous fondez ces *conventions* capitales, parceque ſi vous & moi nous commettions quelques erreurs à cet égard, l'Aſſemblée nationale ſe chargera, ſans doute, du ſoin de les rectifier.

J'obſerverai cependant ſur la ſixième & la ſeptième convention, que vous ne voudriez point de troupes réglées à Saint-Domingue, parceque vous les regardez comme dangereuſes pour la liberté, que vous voudriez des milices ou troupes patriotiques, & que *tout habitant fût ſoldat*, mais ſeulement quand il faudra l'être. Et moi, Monſieur, j'eſtime, au contraire, qu'il ne faut à Saint-Domingue ni milices, ni troupes patriotiques, qui n'ont fait juſqu'ici, ſur-tout depuis l'époque de la révolution, qu'inſpirer un eſprit d'inſurrection & d'inſurbordination funeſte à la tranquillité publique, & à la proſpérité de la Colonie.

Nous ſommes déjà convenus que l'habitant ne peut pas perdre de vue ſa propriété ſans s'expoſer à un préjudice notable, il faut donc éviter ſoigneuſement tout ce qui peut l'en arracher, ſous le prétexte des affaires publiques, & encore moins pour prendre les armes. Sans ceſſe environné d'ennemis domeſtiques & nombreux, impatiens d'un joug que la politique a rendu néceſſaire, il faut qu'il ſoit toujours armé, il faut qu'il leur montre un front ſerein & intrépide, pour leur en impoſer ou réprimer les mouvemens ſéditieux que le déſeſpoir peut leur inſpirer : mais tirez-le de chez lui, pour le mettre en campagne ou à la défenſe d'un poſte; indocile & mal armé, peu fait aux fatigues de la guerre, à la rigueur de la diſcipline & des exercices militaires, quoique naturellement brave, ſoutiendra-t-il le choc d'une troupe réglée ou le feu d'une batterie foudroyante ?

Vous demandez, Monſieur, pourquoi l'on n'imiteroit pas l'exemple de la Virginie, où chaque diſtrict fait marcher ſes forces, dès qu'on donne l'alarme ? Mais vous n'avez pas réfléchi, ſans doute, que la Virginie compte au moins cent mille blancs preſque tous propriétaires, & dont la moitié peut prendre les armes, tandis que ſur une immenſe étendue de terrein, nous en trouvons à peine quarante mille. Vous avez vu dans ces derniers jours l'enthouſiaſme qui a ſaiſi la moitié de la Colonie : quatorze paroiſſes ont déployé l'étendart de la guerre, hé bien ! Le patriotiſme, le feu de la jeuneſſe, l'honneur ou les menaces ont à peine raſſemblé neuf cens hommes, & DIEU ſait comme ils étoient armés & diſciplinés, & vous parlez encore de milices ou de troupes pattiotiques. (1) Non, Monſieur, le Colon de Saint-Domingue, encore moins le commerçant, l'homme de juſtice ou de

---

(1) Jetez les yeux ſur le tableau que vous faites, page 110 de la population blanche de Saint-Domingue, & jugés vous-mêmes ſi une population auſſi foible eſt propre à former des milices ou des troupes nationales.

finance, ne ſont point faits pour prendre les armes hors de chez eux, où ils ont bien aſſez de leurs ennemis naturels à ſurveiller journellement.

Mais enfin, quels ſeront donc les défenſeurs de la Colonie? Des vaiſſeaux, que la Métropole doit, pour ſon propre intérêt, avoir grand ſoin de nous envoyer, & des troupes réglées que nous ſolderons. Nous avons déjà deux régimens; j'en voudrois trois, un dans chaque capitale, & autant qu'il ſeroit poſſible des régimens etrangers, moins facile à ſéduire que des François européens. En temps de guerre ils formeroient dans chaque partie, une maſſe de réſiſtance beaucoup plus efficace pour défendre un poſte, ou pour s'oppoſer à une deſcente, que les milices les plus aguerries: car des eſcadres ne ſuffiſent pas, comme vous l'imaginez, pour notre ſureté: les vents, des contre-temps imprévus peuvent les retenir en France, ou elles peuvent être forcées par des eſcadres ennemies & ſupérieures; en ce cas, il eſt prudent d'avoir des forces & des troupes pour empêcher l'ennemi d'avancer ou de profiter de ſes avantages.

En temps de paix, au lieu de laiſſer la troupe dans des caſernes dépérir par les maladies, l'ennui, la pareſſe ou la débauche, mettez-en des détachemens dans chaque quartier, pour aider à la conſtruction des établiſſemens publics; des ponts, des fontaines, des caſernes ou des priſons, pour ouvrir ou réparer les chemins. Vous ſoulagerez l'habitant d'une corvée qu'il fait toujours mal, à contre-cœur ou à contre-temps. Qui empêcheroit auſſi d'en former vos maréchauſſées, comme on l'a propoſé pour la France? Elles ſeroient bien plus utiles, bien plus propres à contenir ou arrêter les malfaiteurs ou les réfractaires aux lois, que des mulâtres ou des nègres en bandoullières, qu'il eſt toujours impolitique de voir porter la main ſur des blancs. Dès que la trompette ſonneroit, tous les ſoldats rejoindroient leurs drapeaux, & alors les compagnies de gens de couleur, ſoldées, commandées par des blancs, ſans activité pendant la paix, feroient le ſervice des maréchauſſées. Cette organiſation pourroit paroître redoutable aux débiteurs de mauvaiſe foi, aux gens ſans aveu, aux ouvriers ſi enclins à l'inſubordination, à tous ceux qui, ſans propriété, ou n'ayant qu'un état médiocre, ſe flattent de l'augmenter dans le trouble de l'anarchie; tant mieux, l'habitant en ſera plus tranquille & plus en ſureté.

Mais vous craignez que ces troupes réglées ne deviennent des moyens oppreſſifs pour la liberté, entre les mains d'un chef deſpote, ſubordonnée à un miniſtre deſpote. Vaines terreurs! Dès que la conſtitution de la Métropole ſera établie & conſolidée, dès que notre pacte avec elle ſera convenu & ſanctionné, ne craignez plus, ni qu'un Miniſtre reſponſable, ni qu'un chef qui ne lui ſera plus auſſi aveuglément ſubordonné, entreprennent rien contre notre liberté; ou s'ils l'oſoient, n'auroient-ils pas à craindre eux-mêmes, outre l'inſurrection générale de la Colonie, les vengeances & les forces réprimantes que la Mère-Patrie ne manqueroit pas de déployer auſſitôt qu'elle en ſeroit informée.

Je vais actuellement jeter un coup d'œil ſur votre organiſation des trois pouvoirs pour le régime intérieur.

Du pouvoir exécutif.

Vous avouez vous-même, Monsieur, page 52, que le Gouvernement monarchique convient singulièrement à un peuple, dont les affaires particulières *absorbent*, pour ainsi dire, *toutes les facultés*, & qui très-occupé de ses intérêts privés, n'a que *peu de temps & de zèle* à donner aux intérêts publics; que la monarchie procure *ce calme constant & cette protection suivie*, à la faveur desquels le paisible cultivateur peut, sans distraction & sans crainte, se livrer à ses utiles travaux; que plus une nation est grande, que plus elle est entourée de voisins puissans, inquiets & jaloux, *plus aussi il devient instant d'y donner toute la force & toute la célérité possibles au pouvoir exécutif.*

Et cependant vous voulez enchaîner ce même pouvoir exécutif, dans les entraves du pouvoir législatif ou administratif! Vous voulez lui ôter les troupes réglées & ne lui donner à commander que des milices, dont je crois vous avoir démontré l'insuffisance & la nullité! Si vous ne faites plus du chef du pouvoir exécutif qu'un *Commandant de milices*, s'il n'a plus à ses ordres ni troupes réglées, ni même les maréchaussées, comme certaines municipalités en ont la prétention, quels seront donc ses moyens pour faire exécuter les lois & les décisions du corps législatif national ou colonial, & pour arrêter les efforts de ces *voisins puissans, inquiets & jaloux* qui nous environnent, ou des ennemis d'*autant plus dangereux*, dites-vous, *qu'ils sont intérieurs & domestiques?* Où sera donc cette *force*, cette *célérité* que vous avouez être si nécessaires au pouvoir exécutif? Elles ne consisteront plus que dans l'opinion, & le pouvoir d'un Gouverneur général ne sera plus qu'un vain épouvantail, bien moins redoutable que celui d'un prévôt de maréchaussée, puisqu'aumoins celui-ci peut compter sur sa brigade, tandis qu'un Général ne pourroit se promettre ni service ni même d'obéissance des milices ou troupes patriotiques.

Envain s'appuyeroit-on de l'exemple de la Métropole, où il a peut-être été nécessaire de prendre d'autres mesures pour ôter au pouvoir exécutif la tentation d'étouffer la liberté naissante & mal affermie, où d'ailleurs les troupes réglées font le service concurremment avec les gardes nationales, où enfin l'enthousiasme & la multitude des individus ont permis d'organiser cette milice patriotique d'une manière respectable & imposante. Mais ici, si pour arrêter des vagabons ou des malfaiteurs, pour réprimer une insurrection *quelconque*, si enfin pour repousser l'ennemi, il faut rassembler des milices indisciplinées & mal armées, s'il faut prendre les ordres d'une Assemblée administrative, ou d'une municipalité, ou d'un conseil munipal aussi difficile à rassembler qu'à convaincre de la nécessité de déployer les forces publiques, nous seront égorgés ou ravagés avant même qu'on ait pris unn résolution sage & salutaire.

J'estime donc que pour l'intérêt & la sureté même de la Colonie, il faut que le dépositaire du pouvoir exécutif soit revêtu d'une autorité que rien ne puisse contrarier, & qui soit appuyée de forces capables de la faire respecter, sauf à demeurer responsable envers la Nation, & sur-tout envers la Colonie, de tout attentat qu'il pourroit se permettre contre la liberté publique ou individuelle. Vous reconnoiſſez, vous-même, page 58, que la reſponſabilité eſt ſuffiſante pour *prévenir tous les inconvéniens que nous pourrions redouter*, & vous obſervez, page 60, que s'il eſt néceſſaire de contenir l'autorité dans de juſtes bornes; auſſi ne faut-il pas avoir *peur de ſon ombre, ni ſe créer des monſtres pour avoir le plaiſir d'en paroître dévorée.*

Du pouvoir judiciaire.

Je m'apperçois, Monſieur, que c'eſt l'article que vous avez traité le plus ſuperficiellement, & ſuivant moi, c'eſt cependant celui qui méritoit peut-être, le plus d'être approfondi, parceque je le regarde comme bien plus important ſur tout que votre *pouvoir légiſlatif*, ſur lequel vous vous étendez avec tant de complaiſance, & bien en pure perte, ainſi que je me flatte de vous le démontrer dans un moment.

Je ne ſuis point étonné que les différentes claſſes de la ſociété qui ſe regardent excluſivement comme la *nation*, qui traitent les agens du pouvoir exécutif & du pouvoir judiciaire à peu près comme les Spartiates traitoient les Ilotes, dédaignent de deſcendre de la *hauteur de leur poſition*, & *de s'abaiſſer juſques à la diſcuſſion des intérêts particuliers.* Le pénible & ſcabreux emploi de *juger les pâles humains* exige, en effet, des lumières & des connoiſſances, une maturité de jugement, une régularité de mœurs & de conduite, qui ne ſe rencontrent pas toujours dans cette *commune majeſtueuſe*, qui ne nous regarde que comme les exécuteurs de ſes ſublimes décrets. Je me ſuis cependant apperçu déjà nombre de fois qu'elle ſe ſeroit trouvée fort embarraſſée dans ſes Aſſemblées orageuſes

& tumultueuſes, ſi ces *jugeurs*, qu'elle affecte de tant ravaler aujourd'hui, n'avoient pris le ſoin de la ramener à la ſaine raiſon, de l'éclairer ſur ſes vrais intérêts, & de rédiger les délibérations & les réſolutions, qui l'ont conduite à la conquête de ſa précieuſe liberté.

Que mon tailleur & mon cordonnier, qu'un huiſſier nommé chef de diſtrict, que tous ces Meſſieurs, accoutumés juſqu'ici à me reſpecter comme le vengeur des déſordres & des excès dans leſquels leur inconduite les entraînoit, ſe croyent aujourd'hui mes ſupérieurs, parcequ'ils ſont membres de la commune, qu'ils ſe faſſent gloire de m'humilier, qu'ils me refuſent les plus ſimples égards de la politeſſe & de la conſidération, cela eſt dans l'ordre, ce ſont les heureux effets de la liberté. Mais que vous, Monſieur, qui annoncez une connoiſſance ſi profonde & très-rare à votre âge, du caractère, des habitudes & de la manière d'être des Colons de Saint-Domingue, vous adoptiez ces préjugés populaires, qu'il faut écarter les magiſtrats des Aſſemblées légiſlatives ou adminiſtratives comme trop dangereux, que le pouvoir judiciaire doit former dans l'état *un corps iſolé, ſans force qui lui ſoit propre, ſans moyens de nuire à la liberté publique*, voilà ce que je ne vous pardonne point, parceque je ſuis bien éloigné de vous mettre au rang des Marat & des Camille Deſmoulins. Nous, Monſieur, dangereux pour la liberté publique, nous, les ennemis de la liberté! Eh, ne tenons-nous pas à la ſociété par les mêmes liens que vous? N'avons-nous pas les mêmes intérêts, les mêmes propriétés à défendre contre les atteintes du despotisme ? (1)

Mais il ne s'agit point en ce moment du degré de considération que doivent conserver les agens du pouvoir judiciaire, ni s'ils doivent dans la Colonie, participer à l'exercice du pouvoir législatif & administratif. Il s'agit de leur organisation, & de rendre leurs fonctions plus utiles & moins arbitraires qu'on n'imagine qu'elles l'ont été jusqu'ici.

Je crois comme vous que l'ordre judiciaire exige à Saint-Domingue, non pas *de grands changemens*, mais des changemens quelconques. Je crois, comme vous, qu'il nous faut un code particulier, un code civil & criminel, analogues aux convenances locales & à la nature de nos propriétés mobilières & immobilières, sans avoir la prétention de m'ériger en législateur; j'avois même, il y a quatre ans, ébauché quelques parties de cet immense travail, dans lesquelles je vois que nous nous sommes souvent rencontrés, sur-tout pour l'éducation publique, que je regarde bien aussi comme la base de notre nouvelle constitution. La refonte violente & presque générale opérée en 1787 par les ordres d'un ministre absolu

---

(1) Quels étoient à Saint-Marc les orateurs les plus véhémens, les défenseurs les plus ardens de la liberté, les ennemis les plus outrés du despotisme ? N'étoient-ce pas d'anciens magistrats, des jurisconsultes, des membres de tous les tribunaux ? L'enthousiasme patriotique ne leur a-t-il pas même souvent fait oublier la reconnoissance qu'ils devoient aux agens du pouvoir exécutif, pour proposer contre eux les motions les plus violentes ? Et ce sont-là les gens dont vous redoutez l'influence dans vos assemblées démocrates !

& abusé, m'ont dégoûté de continuer ce travail pénible; mais je sens la necessité de le reprendre aussitôt que les bases constitutionnelles auront été posées, & de suivre même la méthode judicieuse que vous indiquez, pages 70, comme la seule propre à nous donner des lois sages & convenables à notre position.

En attendant la perfection de ce grand œuvre, quels tribunaux aurons-nous? La Colonie aura-t-elle trois cours supérieures comme il paroît que ça été un moment le desir des trois provinces, & rétablira-t-on les juridictions comme elles étoient avant la réforme de 1787? Cette organisation judiciaire me paroîtroit assez convenable, parceque des corps de magistrats supérieurs semblent plus propres à faire respecter les lois parmi des individus livrés naturellement à la licence & à l'indiscipline, que quelques juges épars dans une immense étendue, qui feront, peut-être, plus jaloux de se conserver la faveur populaire que de maintenir l'exécution rigoureuse des lois. Mais l'Assemblée de Saint-Marc a jeté tant de faveur sur le prétendu despotisme des cours supérieures, qu'il est à présumer qu'on voudra les supprimer, peut être par des motifs de vengeance plus que par des motifs d'utilité.

En ce cas, adopterons-nous les seuls tribunaux de districts, comme en France, sans aucune supériorité entr'eux, & juges respectivement des appels de l'un à l'autre? Je trouve ce nouvel ordre de choses assez bien vu quoiqu'il ne soit peut-être pas sans inconvénient comme tous les établissemens humains. J'estime qu'il peut également nous convenir, si l'on ne veut plus de cours souveraines, qu'il seroit cependant possible d'organiser d'une manière utile & sans danger pour la liberté, ſur-tout ſi l'on ôte aux adminiſtrateurs, aux agens du pouvoir exécutif, l'infſlence dont quelques-uns n'ont que trop ſouvent fait un abus pernicieux.

Outre les tribunaux de diſtricts, on a établi en France des bureaux de pacification, des chambres de commerce, des tribunaux de famille, & des juges de paix, chargés auſſi de tutelles, des curatelles, des appoſitions & liefs de ſcellés, & d'une foule d'autres objets ci-devant attribués aux juges. Quoiqu'en puiſſe dire les apôtres de la liberté ; je n'eſtime point du tout que tous ces établiſſemens puiſſent convenir à la Colonie, ſi elle étoit auſſi peuplée que la Nouvelle-Angleterre, ſi les villes & les bourgs étoient plus multipliés, ſi nos habitations étoient plus rapprochées, s'il y avoit plus de gens inſtruits, aiſés, vivans de leurs revenus, fixés ici ſans eſpoir ni deſir de retourner dans la Mère-Patrie, moins inſoucians, moins ennemis des travaux de l'eſprit & plus zélés pour les affaires publiques, ouï, on pourroit les tenter ces établiſſemens, encore ne ſe ſoutiendroient-ils peut-être pas deux ans, pas plus que vos Aſſemblées adminiſtratives & vos municipalités.

Où trouverez-vous, je vous prie, dans aucun chef-lieu de diſtricts, des mortels aſſez déſintéreſſés, aſſez généreux, aſſez déſœuvrés, pour abandonner l'inſpection de leurs habitations & de leurs travaux, ou les ſoins de leur commerce, pour examiner *gratuitement* le fort & le foible de vingt procès nés ou à naître qu'on leur ſoumettra, pour chercher les moyens de conciliation entre deux plaideurs acharnés, pour aſſiſter comme notables ou adjoints, ou comme jurés, à l'inſtruction des affaires criminelles & les juger, pour expédier chez eux toutes les conteſtations légères qui s'éléveront ſur des conventions écrites ou verbales, pour aller dans les montagnes les plus eſcarpées appoſer & lever des ſcellés, aſſembler chez eux des familles pour nommer des tuteurs, &c. &c. &c.

Dans la Métropole le deſir de ſe diſtinguer & de parvenir aux honneurs municipaux, l'ambition ou l'amour-propre, pourront peut-être rendre toutes ces fonctions moins pénibles : mais ici où l'on fuira ces honneurs plus qu'on ne les ambitionnera, ici où l'égoïſme, & une apathie preſqu'épicurienne, ne nous permettent de nous livrer qu'aux travaux qui peuvent nous conduire plus promptement à la fortune & dans le ſein de la Mère-Patrie ; ici où le patriotiſme, lorſque la chaleur des circonſtances actuelles ſera éteinte, ne ſera plus regardé que comme une chimère, pour ne pas dire comme une duperie, vous voulez que des habitans, juſqu'ici ſimples cultivateurs, ou des commerçans & des commiſſionnaires ſpéculateurs, aillent établir chez eux ou loin de chez eux des bureaux de judicature, de pacification, de commerce & de police !

Non, Monſieur, ne nous en flattons jamais. L'amour de la nouveauté, qui pour un moment rend tout facile, perſuadera au plus grand nombre que je me trompe, qu'il faut mieux augurer du *civiſme* des Colons ; mais j'en appelle à l'épreuve qu'on en fera, & tous ceux qui voudront être de bonne foi conviendront alors que ces vérités, pour être un peu dures, n'en ſont pas moins des vérités.

D'après toutes réflexions, voici de quelle manière

je croirois convenable d'organiser ici l'ordre judiciaire, si l'on veut absolument supprimer les cours supérieures que je persiste à croire préférables.

Je suppose qu'on maintiendra la division de la Colonie en trois départemens, que chaque département sera divisé en quatre districts, qui seront composés chacun de quatre paroisses. (1) Il s'agit de l'élection des juges, car je ne voudrois point qu'on en laissât la nomination au pouvoir exécutif, qui ne doit nommer qu'aux emplois militaires, & ceux qui doivent remplir les fonctions du ministère public. Toutes les paroisses s'assemblent à une époque fixe, & choisissent quatre électeurs qui se rendent au chef-lieu du district. Les seize électeurs réunis nomment au scrutin les juges qui doivent composer le tribunal du district, & l'on nommera de préférence les magistrats actuels, s'ils en sont notoirement dignes, & si l'on n'a aucun reproche grave à leur faire.

J'estime aussi qu'il faut supprimer l'obligation ridicule d'être gradué, titre qui trop souvent n'annonce pas le mérite & les connoissances, & pourroit rendre les élections très-difficiles.

Chaque tribunal doit être composé de cinq juges, dont le premier élu sera le président, le deuxième le lieutenant, de deux assesseurs & de quatre notables pris tous les trois mois dans chaque paroisse.

(1) Il y a 52 paroisses dans la Colonie, il faudroit donc 13 districts ; mais pour éviter la prépondérance & conserver l'egalité, il y a dans la partie du Nord, notamment, plusieurs petites paroisses qu'il sera facile de réunir, comme on l'a fait en France pour nombre d'évêchés.

Les

Les juges doivent être à vie, parcequ'ici c'est un état nécessaire à la subsistance du titulaire. Si vous ne le nommez que pour trois ou six ans, la crainte de n'être pas réélu lui inspirera le desir d'assurer sa fortune par tous les moyens possibles ; mais il pourra être destitué en cas de prévarication notoire & de forfaiture jugée, par le tribunal assemblé, avec les seize électeurs du district.

En cas de mort ou d'absence hors de la Colonie, les juges seront remplacés par ceux qui les suivront dans l'ordre du tableau : les assesseurs monteront aussi successivement, & lorsque tous deux seront placés, les seize électeurs se rassembleront pour en nommer deux autres ; mais alors au concours & sur examen subi devant eux & devant le tribunal assemblé.

Le ministère public sera exercé dans chaque tribunal par un procureur ou commissaire du Roi (1) & deux substituts, qui seront nommés directement par le Gouverneur général, & assermentés dans le tribunal. Leurs fonctions seront les mêmes que ci-devant.

Le procès verbal d'élection des juges sera de suite adressé au Gouverneur général qui délivrera des commissions au nom du Roi, & les juges prêteront serment entre les mains des seize électeurs qui les installeront.

(1) En France on a décrété qu'ils ne s'appeleroient plus que *commissaires du Roi*, & que l'accusation publique appartiendra désormais au procureur de la commune. Mais comme je crois impossible d'établir ici des municipalités, je ne vois pas beaucoup d'inconvénient à laisser l'accusation publique aux commissaires du Roi, d'autant plus que la responsabilité & la prise à partie subsisteront toujours, & doivent dissiper toutes les inquiétudes.

Le greffier, les deux commis greffiers & les huissiers, ainsi que l'exempt de police & le concierge des prisons, seront nommés au scrutin, par le tribunal & les quatre notable s assemblés.

Les procureurs & les notaires actuels seront conservés, mais ils ne pourront plus être remplacés qu'au concours & après examen subi devant le tribunal & les quatre notables assemblés.

Le président & à son défaut l'officier qui le suivra sur le tableau, assisté d'un conseiller ou d'un assesseur, ou d'un notable, jugera à charge d'appel au tribunal, toutes les causes contradictoires dont l'objet n'excédera pas 100 liv., toutes les affaires relatives à la police, & tous les extraordinaires: le jugement sera exécutoire par provision, en fournissant caution; mais en cas d'appel, les officiers qui auront rendu le jugement s'abstiendront d'en connoître, & le jugement en dernier ressort sera rendu par trois juges. Seront également donnés en l'hôtel tous les défauts quelconques; mais l'opposition au jugement par défaut, sera portée & vidée au tribunal & à l'audience ordinaire.

Celui qui succombera dans son appel au tribunal payera entre les mains du greffier, une amende de 12 l. qui seront employées aux réparations de l'auditoire. L'amende de l'appel d'un tribunal à un autre sera doublée.

Le tribunal de district connoîtra de toutes les causes quelconques, même de celles ci-devant attribuées au tribunal terrier, & des demandes en réunion, sauf l'appel à l'un des trois autres tribunaux du département. L'appelant & l'intimé pourront dans la quinzaine de la fignification du jugement ou de l'appel, récufer l'un des trois tribunaux (1).

Les affaires fommaires & purement perfonnelles pourront être vidées par trois juges feulement, les affaires réelles & mixtes par cinq, & les jugemens criminels définitifs par fept juges & deux notables au moins. Quant aux affaires criminelles, provifoirement & jufqu'à la publication du code général, on fuivra la forme prefcrite par le décret de l'Affemblée nationale du mois de Mars dernier.

Le miniftère des procureurs ou avocats ne fera néceffaire que pour conclure : les parties pourront plaider elles-mêmes, ou faire plaider qui bon leur femblera, pourvu que l'avocat ait prêté ferment au tribunal. Les rapports feront publics & les jugemens motivés à l'audience. Les opinions feront fecrètes.

La juftice fera rendue gratuitement quant aux juges feulement. Les émolumens des autres officiers feront fixés par le tarif de 1775.

---

(1) On fent facilement que je ne donne ici que de fimples apperçus, fufceptibles de beaucoup de modifications, qui devroient être difcutées dans l'Affemblée coloniale, & enfuite préfentées à l'Affemblée nationale pour être ratifiées, & fanctionnées par le Roi. Par exemple, fi l'on permet la requête civile, l'amende devroit être de 600 livres, & la requête ne devroit pas être jugée par le même tribunal, mais dans le troifième du département qui ne jugeroit que le refcindant, & renvoyeroit le refcifoire devant le quatrième. Si l'on permettoit la demande en caffation, elle ne devroit être portée que dans un tribunal d'un autre département, ou dans une chambre permanente, compofée d'un membre de chaque tribunal, qui s'affembleroient tous les ans pendant un mois, au Port-au-Prince, pour juger les demandes en caffaffion, ou en revifion, & l'amende devroit être de 1,500 livres pour mettre un frein à l'humeur proceffive de certains plaideurs.

Les scellés seront apposés & levés dans l'étendue de la paroisse ou le tribunal résidera, par un assesseur & un substitut, & dans les autres paroisses du district ils seront apposés par un notaire seulement, & levés par un des assesseurs en présence d'un des substituts. Les opérations & transports de justice requis par les parties, seront faits par un des trois conseillers en présence du procureur du Roi ou d'un substitut, & payés conformément au tarif de 1775, ainsi que les appositions & liefs des scellés.

Les appointemens des juges dans les trois villes capitales seront, pour le président, de 20,000 liv. ; pour le lieutenant, 12,000 liv. ; pour les conseillers, 9,000 liv. ; pour les assesseurs, 4,000 liv. ; pour le procureur du Roi, 18,000 liv. ; & les substituts, 5,000 livres. Dans les autres districts, le président aura 18,000 liv. ; le lieutenant, 10,000 liv. ; les conseillers 8,000 liv. ; les assesseurs, 3,000. liv. ; le procureur du Roi 15,000 & les substituts, 4,000.

L'administration de la justice coûteroit pour les districts des trois villes capitales, à 95,000 livres chacun, ... 285,000 liv.

Et pour les autres, à 81,000 liv. chacun, ... 729,000

TOTAL. . . . . 1,014,000 liv.

Si l'on trouvoit cette dépense excessive, j'observerois d'abord qu'il n'y aura plus d'épices, ni de taxes de dépens, ni d'amendes de 225 liv. par chaque appel : qu'on fasse le calcul du montant de ces amendes, des épices, & des taxes dans les deux conseils & les dix juridictions, & l'on verra qu'il en coûte à présent bien d'avantage aux plaideurs. D'ailleurs, ſi vous voulez avoir des magiſtrats éclairés, intégres & zélés, payez-les de manière qu'ils puiſſent vivre honorablement dans un pays ou l'exiſtence eſt ſi précaire & ſi diſpendieuſe. Qu'ils ne ſoient plus forcés, pour leur ſubſiſtance, de courir après quelques miſérables portugaiſes, d'aller faire dans la plaine & dans les mornes des corvées humiliantes, qui les rendent odieux & mépriſables aux yeux de leurs juſticiables. Autrement, ſi vous prenez des praticiens obſcurs, vous les payerez peut-être moitié moins, mais auſſi peut-être n'aurez-vous que des ignorans & ſouvent quelque choſe de pire.

Du pouvoir légiſlatif.

Je n'entreprendrai point, Monſieur, de diſcuter les principes qui vous déterminent à penſer que l'Aſſemblée nationale *doit déléguer* à la Colonie *le pouvoir légiſlatif en ce qui concerne le régime intérieur.* Je ne ſerois peut-être pas d'accord avec vous ſur quelques-uns de ces principes, & d'ailleurs tout ce que nous pourrions dire là-deſſus ſeroit à-peu-près ſuperflu, puiſque cette grande querelle eſt actuellement ſoumiſe à l'Aſſemblée nationale. Le célèbre décret du 28 Mai qui a occaſioné tant de clameurs & de débats eſt en ce moment ou ſanctionné, ou rejeté, ou modifié. Je préſume que c'eſt ce dernier parti qu'on aura pris, & que la Colonie ſera autoriſée, à faire, non par *ſous tous les rapports poſſibles*, mais ſous des rapports fixes & déterminés, toutes les lois proviſoires relatives à ſon régime intérieur & purement domeſtique, tel que ſes Aſſemblées adminiſtratives, ou municipales, la police de ſes eſclaves, & les cas d'inſurrections ou invaſions ſubites, d'une diſette imprévue & de beſoins urgens.

Si on lui laiſſe la faculté d'organiſer ſes Aſſemblées adminiſtratives & ſes municipalités comme elle l'entendra, le premier pas qu'elle aura à faire, au retour de ſes repréſentans, ſera de les raſſembler, ou d'en nommer d'autres pour aviſer la manière d'organiſer ſon régime intérieur. D'après ce que j'ai eu l'honneur de vous obſerver, & la peinture que vous faites vous-même, Monſieur, du caractère moral & des habitudes phyſiques des Colons, il doit être extrêmement ſimple, ce régime, & débarraſſé de toutes les entraves dont celui de la métropole va être ſurchargé. Ce ſont vos expreſſions mêmes que je vais citer de préférence parceque je les trouve énergiques & pittoreſques.

« Si je jette les yeux, dites-vous page 110, ſur la » population de Saint-Domingue, qu'y vois-je? *Un petit nombre de perſonnes*, poſſédant, il eſt vrai, d'aſſez » grands biens, mais placés de loin en loin, au milieu » d'une multitude d'autres qui ne vivent que d'un tra- » vail aſſidu, d'économie & de modération, & dont » la fortune conſiſte plutôt dans une induſtrieuſe acti- » vité que dans une richeſſe poſitive : j'y vois des » hommes pour qui le temps *eſt d'un prix ineſtimable*, » des cultivateurs qu'on ne peut, *ſans préjudice*, arra- » cher à leurs cultures, des commerçans à leur né- » goce, des juriſconſultes à leurs cabinets; j'y vois » *tout le monde livré aux agitations de l'intérêt perſonnel*, » s'empreſſer à ſon travail & à ſes affaires, les uns pour » réparer les malheurs de la fortune, les autres pour » s'en créer une, & tous ayant la ferme réſolution, » d'aller ſous un autre ciel jouir des fruits de leurs la- » beurs....... Ah, laiſſons, (pag. 104) laiſſons le » plus qu'il ſera poſſible, le cultivateur chez lui. *Où » peut-il être mieux pour l'État & pour lui-même?*

Ce ſont ces réflexions qui m'ont porté à croire que le Colon de Saint-Domingue ſeroit peu propre à être juge de paix, juré, aſſeſſeur, ou membre des bureaux de pacification, & qui me portent à croire qu'il ſeroit auſſi peu propre ou auſſi peu diſpoſé à figurer dans une Aſſemblée adminiſtrative ou dans une municipalité. Je vais donc encore hazarder mon opinion ſur ces deux objets importans, ſauf à mes Concitoyens à y avoir tel égard que de raiſon.

D'abord, je ſuis très-perſuadé qu'il faut renoncer à établir des municipalités dans la Colonie : 1°. parce-que je les regarde comme un moyen infaillible de nous replonger dans les troubles & l'anarchie que nous avons vu ſur le point de tout embrâſer. On a dit mille fois, & nous venons d'en faire l'épreuve, que l'anarchie étoit bien plus dangereuſe que le deſpotiſme. Nous voyons journellement celui qu'exerce le peuple, la commune ſur les Aſſemblées, ſur les comités, ſur les municipalités, auxquelles il en impoſe & dicte le plus ſouvent leurs délibérations & leurs violentes reſolutions.

2°. Je regarde comme impoſſible de les organiſer d'une manière utile & convenable, même dans les grandes villes, (1) eu égard à la rareté des habitans de

---

(1) J'en atteſte l'exemple de la ville du Cap. Le 17 Avril l'Aſſemblée provinciale cédant aux vœux du peuple, avoit établi une municipalité. Les actes de deſpotiſme qu'elle ſe permit en trois mois de temps, forcèrent les diſtricts à ſe raſſembler le 17 Juillet ſuivant pour la ſupprimer, & établir un ſimple bureau de police. On s'en eſt ſi bien trouvé, qu'on n'a pas encore jugé à propos de rétablir une autre municipalité, même ſur un mode plus ſimple, comme on en avoit eu d'abord le projet.

bonne volonté & en état de se livrer à ces sortes de fonctions. Si l'on peut à peine en trouver dans les villes du premier ordre, à plus forte raison en trouvera-t-on encore moins dans les petites villes & dans les bourgades. Si le maire & les officiers municipaux sont obligés à résidence, comme cela seroit dans l'ordre, combien s'en trouvera-t-il qui voudront abandonner leurs habitations pendant deux ans, même pendant un mois, pour aller à cinq ou six lieues remplir des fonctions municipales?

3°. Enfin je regarde les municipalités comme très-dispendieuses. Je pourrois citer celle d'une très-petite paroisse, qui en moins de quatre mois a dépensé plus de 60,000 livres. Les circonstances ne seront pas toujours les mêmes sans doute, mais quand elles ne coûteroient annuellement que 20,000 livres, les paroisses n'auront-elles pas assez à payer des maréchaussées, de la police, de la pension du curé & de leur contribution à l'administration de la justice, sans y joindre encore une dépense aussi infructueuse?

Quant aux Assemblées législatives & permanentes, aux législatures, aux commissions intermédiaires, aux directoires, aux Assemblées administratives, pour prouver combien elles seront peu utiles à Saint-Domingue & combien il sera difficile de jamais les organiser, je n'aurois besoin que de rassembler ce que vous dites en vingt endroits sur l'insouciance & l'apathie des Colons; sur leur peu de zèle pour les affaires publiques, sur le préjudice inappréciable que porte leur absence à leurs cultures & à leurs habitations. Quel peut-être au reste l'objet de ces différentes Assemblées? Les lois intérieures, si on nous permet de les faire, l'assiette & la répartition des impositions publiques, la vérification de leur emploi, la conſtruction de quelques établiſſemens publics, le redreſſement des abus d'autorité ou des prévarications que pourront ſe permettre les agens du pouvoir exécutif & du pouvoir judiciaire.

Or, dès qu'une fois ces lois intérieures ſeront établies, ſoit par la nouvelle conſtitution que l'Aſſemblée nationale va rédiger conjointement avec nos repréſentans, ſoit dans l'Aſſemblée générale qu'il faudra tenir à leur retour, ſi on nous abandonne la conſtitution de notre régime intérieur, il ſemble qu'il ne ſera pas beſoin de faire de nouvelles lois tous les ſix mois, tous les ans, ni même tous les deux ans. On aura tout au plus à régler quelque réforme dans l'ordre judiciaire, ou dans la police des eſclaves, des priſons, des rades & des ports, ou à convenir que les ports ou tels ports de la Colonie ſeront ouverts, pendant *certain temps*, à l'introduction de *certaines denrées*, qu'un ouragan ou une ſéchereſſe auront rendues néceſſaires à notre ſubſiſtance.

A l'égard des impoſitions, lorſqu'une fois on en aura déterminé la maſſe, lorſqu'on aura réglé ſur quels objets on en fera la perception, il ne s'agira plus que de quelqu'augmentation ou diminution, ou de quelque changement dans leur perception & d'en vérifier l'emploi.

Croit-on donc que pour tous ces objets il ne ſera pas ſuffiſant 1°. que tous les trois ans, ou tous les deux ans ſi l'on veut, les paroiſſes s'aſſemblent, pour nommer chacune deux députés, leſquels ſe rendront au Port-au-Prince, comme le centre de la Colonie, & y formeront, pendant un mois ou deux, une Aſſemblée coloniale, qui établira les lois intérieures qui ſeront jugées néceſſaires, vérifiera & ſtatuera ſur les plaintes qui pourront être portées contre les agens du pouvoir exécutif & du pouvoir judiciaire, réglera la quotité des impôts, leur assiette & leur perception, ordonnera les dépenses & les établissemens publics, recevra & appurera les comptes des trésoriers généraux, examinera l'emploi des fonds publics, &c.

2°. Que chaque paroisse nomme tous les ans, sous le titre de syndic, ou de commissaire, ou de trésorier, un notable, qui seroit chargé de veiller à la sureté & à la tranquillité publique, conjointement avec les officiers de justice, d'empêcher qu'aucun Citoyen ne fût vexé ou inquiété mal à propos, de dénoncer au Gouverneur général, ou aux tribunaux, ou à l'Assemblée coloniale tous les abus ou tout ce qui seroit contraire à l'ordre public, de veiller aux réparations des chemins, enfin de distribuer les feuilles des recensemens, d'en faire la perception, d'en employer le montant à payer les dépenses particulières de la paroisse, & d'en verser le surplus dans la caisse du trésorier général établi dans la capitale de chaque département.

Cette charge deviendroit comme celle de marguillier, charge publique & d'obligation ; il pourroit même y être attribué un traitement à titre d'indemnité pour frais de voyage & de bureau : rien de plus simple sans doute que tous ces détails ; hé bien, vous verrez encore qu'on aura beaucoup de peines à trouver quelqu'un qui veuille s'en charger, & que nombre de gens chercheront à s'y soustraire.

3°. Si dans l'intervalle d'une Assemblée coloniale à l'autre, quelque circonstance ou quelqu'événement imprévu nécessitoit un réglement provisoire, une ordonnance importante au salut de la Colonie, qui empêcheroit d'autoriser le Gouverneur général à rassembler de lui-même ou sur la réquisition d'un département, les syndics ou commissaires des paroisses, auprès de lui, pour faire le réglement ou l'ordonnance provisoire que l'urgence des cas exigeroit?

Je ne sais si je me trompe, Monsieur, & l'envie de plaire à mes Concitoyens, me porteroit à desirer de m'être trompé, mais plus j'y réfléchis, plus je me persuade que c'est-là le régime qui convient à la Colonie, sauf les modifications dont des gens plus éclairés que moi le croiront suceptible. Un des principaux avantages de la révolution, c'est la liberté de la presse & des opinions. Je ne trouverai donc point du tout étrange qu'on n'ait aucun égard aux miennes, ou qu'on me démontre que je suis dans l'erreur. Si l'on veut me rendre justice, on ne verra dans mon travail que mon zèle pour une Colonie à laquelle je tiens par les liens les plus chers & les plus sacrés. On ne me soupçonnera non plus d'aucun intérêt personnel, puisque je n'aspire à aucuns honneurs civiques, ni à jouer un rôle dans le régime quelconque qui sera établi, & que tous mes vœux se bornent à couler le reste de ma carrière dans le sein du repos & d'une heureuse médiocrité.

J'aurois bien encore, Monsieur, quelques observations à vous faire sur quelques-unes de vos *considérations*, (1) mais je m'apperçois, qu'entraîné par

---

(1) Notamment sur le desir que vous manifestez souvent de voir abréger le temps de la minorité, de cette fatale minorité qui vous a privé de la gloire d'aller figurer parmi les législateurs de Saint-Marc. Sans vouloir vous flatter, vous y eussiez tenu

la rapidité de mes idées, j'ai fait un volume au lieu d'une lettre. Je ne pourrai peut-être pas même résister au desir de le rendre public; non que j'aspire à la fragile & dangereuse réputation d'auteur, mais uniquement dans l'espoir que dans cette foule d'idées & d'observations, peut-être mal digérées & mal énoncées, il s'en trouvera quelques-unes dont mes Concitoyens pourront tirer avantage. Votre but a été le même, Monsieur, & vous vous en êtes bien mieux acquitté que moi. Si dans cette longue discussion, il m'étoit échappé quelqu'expression qui vous fût désagréable, daignez m'excuser : mon dessein n'a été nullement d'offenser un jeune écrivain qui mérite autant d'encouragement. La diversité d'opinions n'altèrera jamais dans mon esprit mon estime pour vos

---

votre coin beaucoup mieux que certains barbons, & vous êtes la meilleure preuve de la dureté de la loi; je trouve, comme vous, assez ridicule que cette même loi, en émancipant un enfant de 15 ans, l'autorise à administrer & à dissiper, si bon lui semble, cent mille francs de revenu, & qu'il ne puisse pas vendre un nègre ou un carreau de terre avant 25 ans accomplis. Mais pour un jeune homme qui se trouvera un modèle de sagesse & d'économie, combien s'en trouvera-t-il de dissipateurs & d'une inconduite qui les réduiroit bientôt à la mendicité, s'ils avoient la libre disposition de leur patrimoine? Cependant je ne verrois pas beaucoup d'inconvéniens à fixer à 21 ans l'époque de la majorité, dans la Colonie, où, comme vous l'observez, la nature donne aux hommes comme aux plantes, un accroissement plus précoce. Mais je voudrois que la majorité ne fût accordée que par lettres du Représentant du Prince, & que ces lettres ne fussent entérinées que sur l'avis des parens & amis du mineur, convoqués devant le tribunal assemblé au nombre au moins de sept membres.

talens, & les sentimens distingués avec lesquels j'ai l'honneur d'être,

Monsieur,

Votre très-humble & très-obéissant serviteur,

Signé, DELAFOND.

Petit-Goave, ce 30 Octobre 1790.

POSTCRIPTUM.

Pendant que cet ouvrage étoit sous presse, on a été informé que l'Assemblée nationale, par son décret du 12 Octobre dernier, improuvant la conduite de nos Représentans, a jugé convenable de déclarer nuls tous les décrets & actes émanés de l'Assemblée ci-devant séante à Saint-Marc, & d'ordonner qu'il en seroit formé une nouvelle. C'est dans ce moment que le vrai patriotisme doit étouffer le germe de la discorde & des haines particulières, que toutes les paroisses, sourdes aux suggestions de l'amour-propre, de la vengeance ou de l'ambition, sensibles aux tendres sollicitudes de la Mère-Patrie pour des Colons qu'elle n'a cessé de regarder comme ses enfans, doivent se réunir pour ne choisir que des hommes vraiment dignes de leur confiance, soit parmi les anciens députés, soit parmi les autres Colons. Ils sont bien connus dans chaque quartier, ces Citoyens éclairés, prudens & généreux, qui n'ont fui les premières élections & les

Assemblées primaires, que parcequ'ils prévoyoient les orages qui les agiteroient, que les suffrages y seroient, ou gênés ou le fruit de l'intrigue & de la cabale. Qu'on n'admette dans ces Assemblées que ceux qui ont droit d'y assister, que tous les votans se persuadent qu'ils ne doivent avoir qu'un même but, le bien de la Patrie, & l'on verra ces mêmes hommes saisir avec empressement & reconnoissance l'occasion de se rendre utiles à leurs Concitoyens.

J'estime aussi qu'il n'est pas nécessaire que nos Représentans soient aussi nombreux qu'ils l'étoient à Saint-Marc; qu'on se rappèle les frais énormes qu'ont occasionés 212 députés, les bureaux, les commis, l'imprimerie, objets de près d'un million ; & qu'on se rappèle sur-tout le tumulte des séances & leur résultat, & l'on sentira que moins l'Assemblée sera nombreuse, plus elle sera calme, sage & économique. Que le Cap nomme 6 députés, le Port-au-Prince autant, les Cayes 4, Saint-Marc, Léogane, Jérémie & la Croix-des-Bouquets chacun 2, les quarante-cinq autres Paroisses, chacune 1, & un suppléant, la représentation sera de 69, bien suffisans, à coup sûr, pour rédiger les plans de notre constitution. Mais comme on l'a déjà observé dans l'Adresse aux Colons, *que ce plan ne soit définitivement arrêté qu'un mois après qu'il aura été soumis à l'examen de la Colonie par la voie de l'impression.*

FIN.

www.ingramcontent.com/pod-product-compliance
Lightning Source LLC
LaVergne TN
LVHW012013160826
845678LV00002B/801

* 9 7 8 2 3 2 9 6 7 1 6 2 8 *